Figuras al rescate

Texto: Pablo Maestro
Ilustraciones: Rosa Mª Curto

edebé

Colección: MATICUENTOS
Proyecto y dirección: Grupo edebé
© del texto, Pablo Maestro
© de las ilustraciones, Rosa Mª Curto

© Ed. Cast.: Edebé, 2000
Paseo San Juan Bosco, 62
08017 Barcelona
www.edebe.com

ISBN 84-236-4619-X
Depósito Legal: B. 30855-2000
Impreso en España
Printed in Spain
EGS - Rosario, 2 - Barcelona

No está permitida la reproducción total o parcial de este libro, ni su tratamiento informático, ni la transmisión de ninguna forma o por cualquier medio, ya sea electrónico, mecánico, por fotocopia, por registro u otros métodos, sin el permiso previo y por escrito del editor.

En un rincón muy, muy lejano del universo,
existe una galaxia especial. El aire
tiene mil colores y, cuando nadie habla,
se pueden escuchar las voces de las estrellas.
Y allí, flotando tranquilamente,
viven las figuras geométricas.

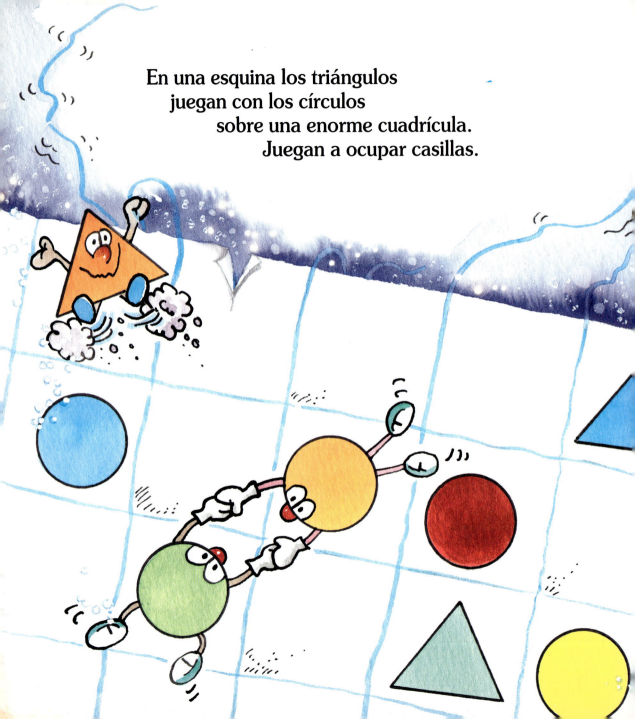

En una esquina los triángulos
juegan con los círculos
sobre una enorme cuadrícula.
Juegan a ocupar casillas.

Al otro lado, los cuadrados
hacen equilibrios sobre las líneas.
Y por encima y por debajo, solitarios como casi
siempre, pasean, despacito y en silencio,
los cuerpos geométricos.

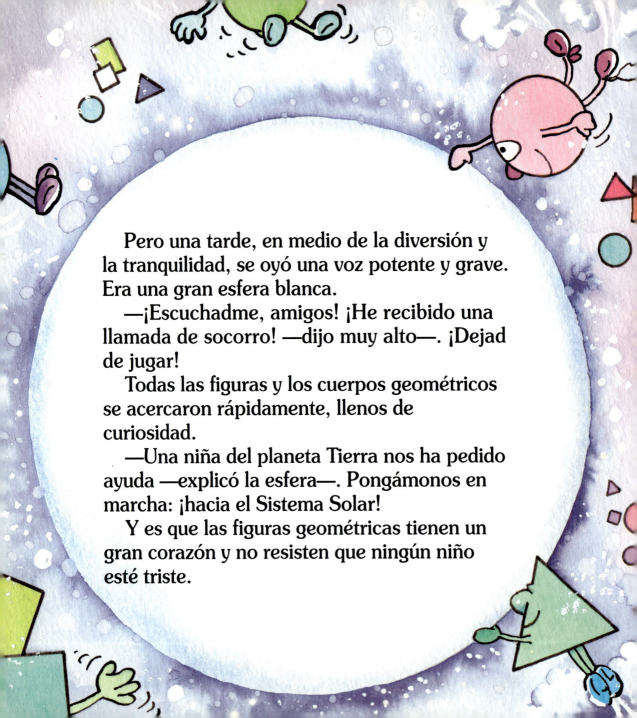

Pero una tarde, en medio de la diversión y la tranquilidad, se oyó una voz potente y grave. Era una gran esfera blanca.

—¡Escuchadme, amigos! ¡He recibido una llamada de socorro! —dijo muy alto—. ¡Dejad de jugar!

Todas las figuras y los cuerpos geométricos se acercaron rápidamente, llenos de curiosidad.

—Una niña del planeta Tierra nos ha pedido ayuda —explicó la esfera—. Pongámonos en marcha: ¡hacia el Sistema Solar!

Y es que las figuras geométricas tienen un gran corazón y no resisten que ningún niño esté triste.

Las figuras empezaron a entrelazarse entre sí.
Se notaba que estaban acostumbradas a hacerlo.
En un plis, plas, habían construido una
fantástica nave espacial, ¡con sus propios cuerpos!

La nave se alzó con mucho ruido y, casi al instante, ya viajaba tan deprisa como una flecha. Pasó cerca de muchas estrellas y rozó más de un planeta. Por fin, a lo lejos, se divisó la luz del Sol.

Desde la ventana de su habitación, Pilar vio cómo descendían en paracaídas un montón de figuras geométricas. ¡Pensó que estaba soñando!
Se limpió las lágrimas que caían por sus pecosas mejillas y se apartó el pelo de la cara. ¡Era increíble! Salió corriendo al jardín y se plantó entre un cuadrado y un cono.

—Tú eres Pilar, ¿no? —dijo una voz a su espalda.

Al girarse, descubrió a la gran esfera blanca.

—Tú eres la que ha pedido ayuda, ¿no? —insistió.

Pilar no sabía a qué se refería aquella especie de pelota, pero no tenía miedo. Ella sólo se había puesto triste pensando en su problema. Claro que casualmente estaba estudiando Matemáticas...

De pronto, Pilar sintió que aquellas figuras eran sus amigas y que podían ayudarla.

—¿Y cuál
es tu problema? —continuó la esfera,
rodando a su lado.
—Veréis, esta zona es muy seca
y a nuestros pueblos les hace falta agua.
Por eso, hip, por eso, hip,
van a construir un gran embalse —explicó Pilar,
sin poder contener las lágrimas otra vez.

—¿Y qué tiene de malo? A veces debemos soportar cosas que no nos gustan —dijo muy seria la esfera.

—¡Es que van a inundar todo un valle y desaparecerán todas las especies animales que viven en él! —gritó Pilar.

—¡Eso sí que no! ¡No lo consentiremos!

—¡No! ¡No lo consentiremos! —exclamaron todas las figuras a la vez.

Aquella misma noche, mientras la familia de Pilar dormía...

«Clic, clic», sonó en la ventana de Pilar. Era un triángulo que golpeaba suavemente el cristal.
Pilar abrió la ventana y se encontró una larga escalera hasta el suelo. Estaba formada por los cuadrados. Las piernas le temblaban de emoción.

En cuanto acabó de bajar, la esfera tomó la palabra:
—Bueno, pequeña, todo lo que vas a ver esta noche tiene que ser un secreto. ¿Vale?

—¡Vale!
Entonces, los polígonos, las líneas y los cuerpos geométricos se pusieron en marcha. Los rectángulos y los círculos construyeron una especie de tractor que volaba. Y encima, se montó Pilar.

De esta forma, en un periquete llegaron a las montañas. Allí el agua era abundante y caía en forma de cascadas por las laderas.

Esta vez les tocó el turno a los cilindros. Encajándose unos en otros, formaron una cañería larguísima. La esfera blanca dirigía el trabajo, pero era muy divertido. Los cuadrados cantaban y los círculos reían. Mientras, la cañería crecía y crecía. Sin darse cuenta, habían alcanzado el valle.

—¿Qué hacemos ahora? —preguntó Pilar, que no acababa de entender el plan.

—Mira y verás —le pidió la esfera, como si fuera un mago.

Y ante los asombrados ojos de la niña, polígonos y cuerpos geométricos construyeron una fuente gigante: de dos pisos de altura y tan ancha como un cine. En el centro, los conos y las líneas se convirtieron en un grifo.

—¿Qué te parece, Pilar? ¿Te gusta?
—¡Me encanta! ¡Sois increíbles! ¡Menuda habilidad! —y Pilar dio un sonoro beso a la esfera blanca, que se puso algo colorada.
—¡Ejem! Yo tengo que irme, pero te dejamos a nuestros amigos. A lo mejor otro niño nos necesita en algún rincón de la galaxia.

Pilar se despidió contenta y triste. ¡Qué raro!, ¿verdad?

Al día siguiente todo el pueblo se reunió alrededor de la nueva fuente. El agua caía a borbotones. La gente aplaudía sin cesar, aunque nadie entendía qué había pasado.

¡Era un prodigio! Ya no haría falta inundar el valle, ni construir un embalse, ni dejar sin hogar a cientos de animales y plantas...

MATICUENTOS

Todos los relatos incluidos en la **colección Maticuentos** desarrollan un contenido matemático, pero tan integrado en la historia que el lector lo entiende de forma natural y lúdica. Los niños y niñas se divertirán leyendo y al mismo tiempo interiorizarán los contenidos trabajados.

Para lograr esta simbiosis, se ha contado con la colaboración de excelentes escritores e ilustradores de literatura infantil, así como expertos en educación matemática.

Figuras al rescate se centra en las figuras y los cuerpos geométricos, un contenido especialmente recomendado para los alumnos de **2º de Primaria,** si bien su carácter lúdico permite su lectura desde los seis años. Los triángulos, los cuadrados, los círculos y las circunferencias, entre otros, son los protagonistas de este cuento. Asimismo, transmite valores de **educación ambiental.**